Warum dieses Buch?

Das Laufen 50plus unterscheidet sich generell nicht vom Laufen 50minus. Wir ü50-er haben vielleicht nur einen anderen Blickwinkel. Und aus diesem betrachtet, möchte ich Ihnen das Laufen für die Generation 50plus näherbringen.

Ich wurde 1962 in der Nähe von Aachen geboren, bin Ex-Raucher und kämpfe seit Beginn des Nichtraucherdaseins um mein Normalgewicht. Nach Umstellung meiner Ernährungsgewohnheiten und sportlichen Aktivitäten in einem Fitnessstudio hatte ich das gewünschte Gewicht so gut wie erreicht. Das Stemmen von Stahl war allerdings nicht meine wahre Erfüllung und so suchte ich nach einem Ersatz. Wir waren gerade in unser neues Zuhause eingezogen. Ein schönes Zuhause in der Nähe eines Waldes und unweit von Feldern und Baggerlöchern. Da war es bis zum Laufen nicht mehr weit. „Das könnte dir Spaß machen", sagte ich so zu mir. Also beschloss ich, zu laufen. Doch was muss ich beachten? Und ganz wichtig, wie muss ich laufen, um abzunehmen und mir nicht zu schaden? Fragen über Fragen taten sich auf. Antworten gab und gibt es viele. Auf Webseiten, in Blogs und Internetforen. Natürlich auch in Büchern. Ja, sogar in Fernsehsendungen wurde ich fündig. Doch nirgends fand ich ein kompaktes Werk, das mir Antworten auf meine Fragen liefern konnte. Nicht zu wissenschaftlich sollte es sein. Gut und leicht verständlich und meine persönliche Situation wiedergeben. Über 50 Jahre alt - im Vorfeld wenig oder gar nicht sportlich aktiv - neu gewecktes Interesse, sich etwas Gutes tun zu wollen – genug Ehrgeiz, um besser und schneller zu werden. Aber ohne den Ansporn, Rekorde brechen zu wollen. Dies zu finden, gelang mir nicht sofort. So hieß es für mich - „learning by doing". Um diese tolle Sportart, Gleichgesinnten schmackhaft machen zu können, entschied ich mich, dieses eBook zu schreiben und meine gemachten Erfahrungen zur Verfügung zu stellen

Volker Lauterbach

Praxistipp Laufen

Erfahrungen eines Laufanfängers

50plus

Inhalt

www.tredition.de

© 2018 Volker Lauterbach

Umschlag, Illustration: Volker Lauterbach

Lektorat, Korrektorat: Petra Lauterbach

Verlag & Druck: tredition GmbH, Hamburg

ISBN

Paperback   978-3-7469-6479-9

Hardcover   978-3-7469-6480-5

e-Book   978-3-7469-6481-2

Laufen - ein Volkssport

Laufen hat sich in letzter Zeit zu einem Volkssport entwickelt. Vor einigen Jahren waren Läufer noch Jogger und recht selten in freier Natur anzutreffen. Heute sind aus diesen Joggern Läufer geworden und nicht mehr aus unserer Natur wegzudenken.

Ich verwende in dieser Abhandlung den Begriff „Läufer" mit geschlechtsneutraler Bedeutung - Frauen und Männer sind gleichermaßen gemeint.

Gut, heute sind wir also alle Läufer und rennen durch Felder und Wiesen, über Straßen und Wege, was zur Folge hat, dass Laufveranstaltungen wie Pilze aus dem Boden schießen und stetig steigende Teilnehmerzahlen vermelden dürfen.

Und auch ich habe mich vor über zwei Jahren vom Laufvirus infizieren lassen. Das Gefühl, seinem Körper ein wenig Bewegung verordnen zu müssen, ist heute der Begeisterung fürs Laufen gewichen. Dieser Prozess hat gar nicht lange gedauert. Ich war schnell bereit, aus dem „Müssen" ein „Wollen" werden zu lassen.

Doch schon bald merkte ich aber auch, dass man nicht so einfach losrennen und auf Rekorde hoffen kann. Also machte ich mich schlau. Ich wälzte Bücher, verbrachte Stunde um Stunde in Internetforen und auf Blogs von Laufschuh-Händlern und Olympiasiegern. Medizinischen Rat holte ich ebenfalls ein. Freunde und Arbeitskollegen, von denen ich wusste, dass sie laufen, mussten auch als Wissensquelle herhalten.

So hatte ich im Laufe der Zeit eine Menge Informationen angehäuft. Dabei war Vieles mehrfach vorhanden, Einiges traf gar nicht auf mich zu und Anderes fehlte gänzlich.

Dieser Umstand hat sich bis heute zwar verbessert, ist aber sicher noch lange nicht abgestellt. Man lernt immer noch hinzu. Und sei es, in dem man in sich hineinhorcht und auf seinen eigenen Körper hört.

Um Laufanfängern einen einfachen Überblick über die neue Lieblingssportart zu verschaffen und ihnen zu helfen, den ein oder anderen Anfängerfehler zu vermeiden, habe ich diese Zeilen zu Papier als auch in digitale Form gebracht. Bitte bedenken Sie, dass alle nun folgenden Tipps, Informationen und Erkenntnisse, die persönlichen Meinungen und Erfahrungen des Autors wiedergeben. Sie ersetzen weder eine sportmedizinische Untersuchung noch wissenschaftliche Erkenntnisse.

Laufen 50plus

Sie sind über 50 und wollen laufen? Oder Sie müssen laufen, weil Ihnen Ihr Arzt nahegelegt hat, sich mehr zu bewegen. Vielleicht wollen Sie auch nur Spaß an der Bewegung und haben sich fürs Laufen entschieden. Ganz gleich, was die Beweggründe für Ihre Entscheidung zu laufen sind, es sind die richtigen. Denn Laufen ist gesund und zudem auch noch recht preiswert. In einer Studie wurden fast 3.500 Personen im Alter von 54 bis 73 Jahren auf ihren Gesundheitszustand untersucht. Innerhalb der folgenden acht Jahre war ein Teil der Testpersonen sportlich aktiv und der andere inaktiv. Das Ergebnis überrascht nicht wirklich, ist aber dennoch beeindruckend: die sportlich aktiven Personen hatten einen deutlich besseren Gesundheitszustand als die, die den Aktiven eher nur zuschauten.

Man kann und sollte also auch im Rentenalter trainieren. Allerdings ist es absolut wichtig, das OK vom Arzt einzuholen. Wenn dieser keine Einwände hat, dürfen Sie in einen neuen Lebensabschnitt starten. Ich habe im Folgenden einige Punkte aufgeführt, die Sie dabei unterstützen, genauso zu trainieren wie Ihr/e Sohn/Tochter.

Mit fortschreitendem Alter verändert sich der Stoffwechsel. Das heißt, er wird langsamer. Ganz im Gegensatz zu Ihnen – Sie nehmen ja Tempo auf. Ein verlangsamter Stoffwechsel aber bedeutet, dass sich

a. der Grundumsatz Ihres Körpers reduziert. Sie sollten genau kontrollieren, wie viel Kalorien Sie zu sich nehmen. Achten Sie auf eine ausgewogene und gesunde Ernährung und

b. der langsamere Stoffwechsel dafür verantwortlich ist, dass die Regenerationsprozesse im Körper länger dauern. Konsequenz daraus: Der Körper braucht längere Erholungsphasen. Zudem sollten Belastungssteigerungen nur moderat erfolgen. Also keine

Leistungssprünge forcieren.

Verbessern Sie Ihre Ausdauer und erhöhen Sie damit Ihre Fitness und das Wohlbefinden. Bedenken Sie: Läufer sind glücklichere Menschen! Vermeiden Sie allerdings extreme Belastung. Selbstverständlich ist ein intensives Intervalltraining möglich. Verausgaben Sie sich allerdings nicht vollkommen. Befragen Sie bei Bedenken Ihren Arzt hinsichtlich Ihrer Trainingszonen.

Unterstützen Sie Ihre Knochen. Machen Sie neben den Lauftrainings statische Kräftigungsübungen. Das heißt, Training mit dem eigenen Körpergewicht, ohne zusätzliche Hilfsmittel wie Geräte oder Gewichte. Sie sind gut geeignet, die Knochen-substanz zu verbessern. Sprich Osteoporose vorzubeugen.

Und zu guter Letzt noch ein Hinweis hinsichtlich Muskelmasse und Flexibilität. Beide verringern sich mit fortschreitendem Alter. Sie können dem aber entgegenwirken, indem Sie regelmäßige Kräftigungs- und Stabilitätsübungen in Ihren Tagesablauf einbauen. Bewährt haben sich hierfür Übungen mit dem eigenen Körpergewicht. Spezielle Laufübungen ins Training eingebaut steigern die Beweglichkeit.

Tipp: Laut Studien kann man selbst in höherem Alter eine Erhöhung der Muskelmasse und der Kraft um bis zu 100 Prozent erzielen.
Doch bevor Sie losrennen, lesen Sie in Ruhe weiter. Denn um nicht den Spaß am Laufen zu verlieren, noch ehe er so richtig entstanden ist, oder sich gar gesundheitlich zu schaden, sollten Sie die folgenden Punkte berücksichtigen.

Medizin-Check

Sie wollen also wirklich laufen? Laufen bedeutet regelmäßige und anstrengende Bewegung an der frischen Luft. Das Wetter spielt dabei nur eine untergeordnete Rolle! Hitze mit Temperaturen von über 30°C und Frost von -5°C gehören genauso dazu wie Regen, Nebel, Sturm oder Schnee.

Das Wetter hält Sie also nicht ab? OK. Jetzt ab zum Arzt. Erzählen Sie ihm, was Sie vorhaben und bitten ihn um einen sportmedizinischen Check. Er wird diesen gerne durchführen. Und Sie können ruhigen Gewissens Ihre neue Sportkarriere starten.

Tipp: Dieser Check ist absolut empfehlenswert und im Falle von Vorerkrankungen ein absolutes Muss.

Tipp: Wussten Sie, dass Ausdauersport das Risiko von Herz-, Kreislauferkrankungen mindert und den Blutdruck senkt? Durch die Belastung wird das Herz kräftiger und der Organismus ausdauernder. Der Blutdruck wird gesenkt, weil sich beim Sport die Blutgefäße weiten.

Outfit

Viele Anfänger glauben, dass es reicht, sich ein schickes Outfit und ein paar noch schickere Schuhe zuzulegen, um richtig starten zu können. Aber so einfach ist das nicht!

Selbstverständlich soll die Laufkleidung gut aussehen. Ihre Funktionalität ist aber weitaus wichtiger. Denn der Läufer (zur Erinnerung: mit Läufer sind Männlein und Weiblein gemeint) schwitzt (falls nicht, macht er etwas falsch) und er ist in aller Regel in der freien Natur unterwegs. Das bedeutet, dass er bei Regen nass wird. Wind und Kälte sind auch nicht gerade angenehm. Ganz besonders dem Anfänger fordern Nässe und Kälte daher besonders viel ab. Aus diesem Grund hat die Sportartikel-Industrie funktionale Sportbekleidung entwickelt. Diese Funktions-Laufbekleidung lässt den Schweiß nach außen abtransportieren und gleichzeitig Wind und Kälte nicht an den Körper des Athleten.

Oberkörper

Abhängig von Temperatur und Witterung gibt es entsprechende Oberteile, die man auch in Kombination (Zwiebelprinzip, d.h. mehrere Schichten Kleidung) tragen kann, sollte es einmal kälter sein.

Das *Funktionsunterhemd* wird im Winter zum Kälteunterhemd. Es liegt eng an und gibt die Feuchtigkeit nach außen bzw. an das darüber liegende Shirt weiter. Das *kurzärmelige Funktionsshirt* ist, wie wahrscheinlich von Ihnen vermutet, für die wärmeren Tage gedacht. Es sollte aber nicht so eng anliegen wie das *Funktionsunterhemd*. Den Schweiß leitet es aber ebenso vom Körper ab. Für den Wettkampf bietet sich ein *ärmelloses Funktionsshirt* an, das auch bei sehr hohen Temperaturen gut fürs Training geeignet ist. Für die etwas kühleren Trainingstage empfiehlt sich ein *langärmeliges Funktionsshirt*.

Übergangs- und *Wintershirt* sind innen meist gefüttert und haben in erster Linie die Aufgabe, den Körper vor der Auskühlung zu schützen. Selbstverständlich sind auch diese Hemden funktional, sprich atmungsaktiv und geben daher die Feuchtigkeit auch nach außen ab.

Eine Laufweste wird häufig bei niedrigeren Temperaturen getragen. Diese funktionalen Kleidungsstücke werden getragen, wenn Übergangs- und Wintershirt bei den vorherrschenden niedrigeren Temperaturen nicht mehr ausreichen, es für die Laufjacke aber noch zu „warm" ist. Denn die Laufjacke kommt nur bei wirklich niedrigen Temperaturen zum Einsatz. Sie ist in aller Regel mehrschichtig und schützt den Körper vor Kälte, Regen und Wind wobei auch sie den Schweiß nach außen leitet. Inzwischen haben viele Laufjacken abnehmbare Ärmel, wodurch sie sehr schnell zu einer Laufweste umfunktioniert werden können.

Beine

Für die Hose sollte gelten: lang oder kurz. Je nach Witterung wählt man die eine oder andere Variante. Dabei ist es unerheblich, ob es eine weitere Laufhose ist oder doch eher die so genanten Lauftights, die eng am Körper anliegen. Mir persönlich gefallen die Lauftights nicht. Andere wiederum schwören darauf. Entscheiden Sie doch einfach selbst.

Tipp: Sollten Ihre Oberschenkelinnenseiten beim Laufen aneinander reiben, versuchen Sie die Tights. Diese verhindern das Aufscheuern.

Tipp: Die Beinmuskulatur ist im Vergleich zum Oberkörper viel weniger kälteempfindlich. Eine kurze Laufhose kann daher noch reichen, auch wenn es dem Oberkörper schon zu kalt ist und Sie lieber ein langärmeliges Shirt anziehen.

Sollte es im Winter richtig kalt werden, gibt es auch noch *wärmende Laufhosen,* die wie die *Übergangs-* und *Wintershirts* von innen gefüttert sind, den Schweiß aber auch nach außen befördern.

Kopf

Eine Kopfbedeckung wie eine *Kappe* schützt den Kopf im Sommer vor der Sonneneneinstrahlung und gibt auch den Augen ein wenig Sonnenschutz. Sie hat allerdings auch den Nachteil, dass durch sie die Wärme etwas schlechter abgeleitet wird. Alternativ zur *Mütze* bietet sich ein *Stirnband* an, das verhindert, dass Schweiß in die Augen laufen kann. Bei kühleren Temperaturen schützt ein *Stirnband* die Ohren vor schädlichen Luftzügen.

Eine *Mütze* aus beispielsweise Fleece oder aus Funktionsmaterial wärmt bei Kälte im Winter und gibt dennoch Feuchtigkeit nach außen ab.

Tipp: Bei Kälte verliert der Körper im Vergleich zur Körperoberfläche über den Kopf überproportional viel Wärme. Es ist daher sehr wichtig, eine Kopfbedeckung zu tragen!

Sonstige Kleidungsstücke

Im Winter sind *Handschuhe* für viele Läufer sehr wichtig. Auch ich bin an den Händen sehr empfindlich und finde die Kälte dort als sehr unangenehm. Daher bietet es sich an, *Handschuhe* zu tragen. Für die Meisten reichen dünne Handschuhe vollkommen aus, weil sich die Körpertemperatur und damit auch das Kälteempfinden mit Dauer des Laufes verändert. *Handschuhe* kann man aber einfach ausziehen, wenn es einem zu warm wird. Verstauen kann man sie in einer Jackentasche oder falls eine Tasche nicht vorhanden, im Hosenbund. *Laufsocken* sind ohne Nähte gearbeitet und man kann sie denen empfehlen, die Probleme mit Blasen haben. Für alle anderen Läufer reichen normale Socken vollkommen aus. Sie sollten nur nicht zu dick sein. Dicke Socken können ebenfalls Blasen verursachen.

Tipp: Kaufen Sie für den Anfang nicht zu großzügig ein, sondern besorgen Sie sich eine Ausstattung in einfacher Ausfertigung entsprechend der aktuellen Jahreszeit. Das sollte für den Anfang ausreichend sein. Man weiß ja nie. Schließlich kann es ja sein, dass Sie aller Vorfreude zum Trotz sehr schnell die Lust verlieren oder Ihr Körper „no" sagt. Dann hätten Sie für recht viel Geld eine komplette Laufausrüstung angeschafft, die dann ungenutzt im Schrank liegt. Weiteres Equipment ist schnell besorgt, wenn man sich sicher ist, dabei bleiben zu wollen/können.

Einkaufstipp: Laufausstattung in wirklich guter Qualität und zu sehr erschwinglichen Preisen gibt es zum Wechsel der Jahreszeiten bei den Discountern Aldi und Lidl oder bei Tchibo. Ein Besuch im Sportfachgeschäft ist dafür nicht erforderlich. Der wird aber zwingend erforderlich, wenn es um die Laufschuhe geht. Dazu mehr im folgenden Kapitel.

Schuhe

Wen wundert es? Die *Schuhe* sind der wichtigste Bestandteil des Läuferoutfits. Und hier sollte man nicht auf den Preis achten oder sich von hübschen Farben oder hippem Design blenden oder verleiten lassen.

Denn im Gegensatz zum Gehen erlebt der Läufer mit jedem Schritt auch eine Flugphase, in der er den Bodenkontakt verliert. Das heißt aber auch, dass man wieder landen muss. Und bei diesen Landungen muss der Fuß und damit auch der Schuh das zwei- bis dreifache Körpergewicht auffangen. Wenn dann die Laufgeschwindigkeit steigt und der Lauf auf festem Untergrund wie Asphalt erfolgt, kann sich diese Belastung auch mal auf das sechsfache der normalen Belastung erhöhen. Und für diese Belastung braucht es einen besonderen Schuh. Das geht nicht in Badeschlappen oder Turnschuhen. Erschwerend kommt hinzu, dass in der modernen Zeit unsere Fußmuskulatur sehr schwach ist. Wissenschaftliche Untersuchungen kommen zu dem Schluss, dass rund dreiviertel aller Läufer Fehlstellungen der Füße haben. Aber die Laufschuhindustrie war in der Vergangenheit nicht untätig und hat für fast alle Fußprobleme eine Schuhlösung gefunden. So dass diese Fußfehlstellungen durch spezielle Laufschuhe ausgeglichen werden können.

Ob und wenn ja, welche Fußfehlstellung bei Ihnen vorliegt, das erfahren Sie am einfachsten im Fachgeschäft Ihres Vertrauens. Dort macht man eine Laufbandanalyse und berät Sie fachgerecht auf Grundlage der Videobilder aus der Analyse. So erfahren Sie, welche Schuhart für Sie die richtige ist. Bei der Vielzahl der verbleibenden Modelle kommt es dann auf die Passform an. Probieren Sie die neuen Treter aus. Laufen Sie auf dem Laufband im Geschäft und tragen Sie die Schuhe auch ruhig einige Zeit. Sie müssen passen und am besten spüren Sie sie gar nicht. Idealerweise sollten Sie das Gefühl haben, dass sie schweben. Dann haben Sie IHRE Schuhe gefunden. Aber nehmen Sie sich Zeit, denn Sie haben im Laden Ihre Begleiter für die nächsten 700 bis 800 Kilometer an den Füßen. Da muss es schon stimmen, wenn Sie lange viel Freude an Ihren neuen Laufschuhen haben wollen.

Ich habe gerade von 700 bis 800 Kilometern geschrieben. Die Laufleistung wird vielfach unterschiedlich angegeben. So findet man in der Literatur Entfernungen von 500 bis 1.000 km. Mediziner geben oftmals rund 750 km an und die Hersteller der Schuhe 1.000 bis 1.200 km. Wer jetzt letztlich recht hat? Nun ich denke, dass jeder ein wenig richtig und auch etwas falsch liegt. Denn die Haltbarkeit von Laufschuhen hängt von vielen Faktoren ab. Natürlich auch von der Qualität der verarbeiteten Materialien und der Herstellung, aber auch von der Länge der Laufeinheiten, den Temperaturen, den Untergründen, auf denen gelaufen wird. Weitere Faktoren sind die Pausen zwischen den Läufen. Und last but not least das Gewicht des Läufers. Sie sehen also, das sind eine

Menge Einflüsse auf Ihre neuen Laufschuhe. Und diese machen eine exakte Aussage über die Haltbarkeit Ihrer Schuhe ziemlich unmöglich. Aber spätestens, wenn Sie Beschwerden im Rücken, den Knien oder den Beinen zu plagen beginnen, sollten Sie sich mal wieder im Sportfachgeschäft sehen lassen. Denn diese Signale Ihres Körpers können darauf hinweisen, dass Ihre Schuhe ihren Zenit überschritten haben.

Tipp: Wussten Sie, dass auch Ihre Schuhe eine Erholungspause benötigen? Am besten lassen Sie die Schuhe nach jedem Lauf zwei Tage ruhen. So kann sich das Dämpfungsmaterial nach der Belastung wieder voll ausdehnen.

Tipp: Haben Sie ein „perfektes" Paar Laufschuhe, das sich seinem „natürlichen" Ende nähert, versuchen Sie das gleiche Paar noch einmal zu bekommen. So sparen Sie unter Umständen Geld, weil es sich dann um ein preisreduziertes Vorjahresmodell handelt und gleichzeitig haben Sie ein für Sie sehr gutes Modell.

Tipp: Sollten Sie regelmäßig mehr als zwei Läufe die Woche machen, überlegen Sie sich die Anschaffung eines zweiten Paares. Zum einen brauchen die Schuhe, wie bereits erwähnt, auch eine Verschnaufpause und zum anderen gewöhnen sich Ihre Beine und Füße zu sehr an dieses eine Paar. Da macht es Sinn, die Schuhe immer wieder zu wechseln, um Problemen vorzubeugen.

Tipp: Kaufen Sie Ihre Schuhe abends. Denn auch beim Sportschuhkauf gilt, dass die Füße abends dicker werden. Eine Daumenbreite zur Schuhspitze „Freiraum" lassen.

Kompressionskleidung (Exkurs)

Die Hersteller dieser eng an den Körper anliegenden Kleidungsstücke versprechen wahre Wunderdinge in Richtung Leistungssteigerung. Der eine Läufer schwört darauf, ein anderer findet sie einfach nur albern. Aber wer hat nun recht?

Nun, Thrombosestrümpfe - wer kennt Sie nicht? Diese üben Druck aus, der den Blutrückfluss zum Herzen fördert. Dadurch soll bei Sportlern den Muskeln schneller Sauerstoff zugeführt werden können. Das würde bedeuten, dass die Leistung ansteigt, ohne dass mehr Aufwand betrieben wird. Klingt gut. Und es gibt Studien und Untersuchungen, die eine vierprozentige Leistungssteigerung belegen. Aber ob diese Ergebnisse zu verallgemeinern sind, ist schon recht fraglich, weil die Studien nicht nach gleichen Kriterien erstellt wurden und demnach nicht wirklich gut vergleichbar sind. Aber es geht auch um das subjektive Empfinden. Und da „spüren" speziell Laufanfänger mehr Spannung in der Muskulatur. Unbestritten ist zudem, dass Kompressionskleidungsstücke die Wärme besser entfalten bzw. in Muskeln, Sehnen, Bändern und Gelenken hält. Was wiederum Beschwerden vorbeugt. Auch soll die Kompressionskleidung in der Regenerationsphase eine bessere Blutzirkulation bewirken. Abfallstoffe würden schneller abtransportiert werden und deshalb sei man schneller wieder fit.

Sie sehen, das Thema Kompression besteht aus noch vielen Theorien und subjektiven Bewertungen. Für den einen mag es „richtig etwas bringen" und für den anderen Läufer ist es „Mummpitz". Wichtig ist letztlich nur, dass man sich in den Laufklamotten wohl fühlt. Und wenn jemand glaubt, dass Kompressionskleidung seine Leistungsfähigkeit verbessert, dann soll er sie auch nutzen. Wenn es hilft, ist das doch in Ordnung.

Training

So. Sie sind jetzt medizinisch gecheckt und perfekt mit Funktionskleidung ausgestattet. Ihre Laufschuhe passen wie angegossen und Sie fiebern Ihrem ersten Lauf entgegen? Sogar die Sonne lacht von einem blauen Himmel, den einige Schäfchenwolken fast kitschig schön aussehen lassen. Das Thermometer zeigt knapp 20°C. Was will man mehr? Los geht's.

Stopp!

„Eigentlich bin ich doch kein Neuling. Immerhin bin ich vor fünfzehn Jahren doch schon mal in Laufschuhen unterwegs gewesen. "Das denkt so Mancher, der wieder mit dem Laufen beginnen will. Und der vollständige Neuling denkt „Ich bin komplett neu. Ich laufe jetzt die erste Strecke meines Lebens". Lässt man mal den Schulsport außer Acht. Was haben nun beide Gruppen von Laufstartern gemeinsam?

Die Antwort ist ganz einfach.

Beide Läufergruppen begehen einen Neustart. Denn auch wer lange Zeit nicht mehr gelaufen ist, ist ein Anfänger. Vielleicht nicht unbedingt, was das theoretische Wissen angeht, so aber doch hinsichtlich der körperlichen Situation. Beide müssen ihre Körper wieder in Form bringen. Und das gelingt nicht mit einer Trainingseinheit.

Tipp: Wer zu schnell loslegt, verliert sehr schnell den Spaß am Laufen und riskiert zudem Verletzungen.

Vielleicht gestalten Sie Ihre ersten Einheiten anhand folgender Vorschläge:

Trainings einheit Nr.	Dauer in Minuten	Joggen (langsamer Lauf)* in Minuten	schnelles Gehen (Walken)* in Minuten
1	20	-	20
2	20	1	2
3	25	3	2
4	30	4	3
5	30	4	2
6	40	5	4
7	40	5	2
8	40	6-8	2
9	45	8	3
10	45	10 - 12	2

Es folgt auf eine Einheit Joggen eine Zeiteinheit Gehen und dann wieder Joggen und dann Gehen und so weiter

Die in der Tabelle angegebenen Werte sind nur Empfehlungen, die Sie individuell auf sich zuschneiden können. Letztlich entscheiden Sie, wieviel Sie sich zumuten können. Fangen Sie eher zurückhaltend an. Zu Beginn können 20 Minuten sehr lang sein. Und falls Sie meinen, dass Sie einen langsamen Trab schaffen und keine oder weniger Gehpausen benötigen, dann testen Sie das einfach aus. Aber auch hier gilt, wie fast überall im Leben, nicht übertreiben! Legen Sie viel eher zu langsam los. Ihr Körper braucht die Zeit. Schließlich muss er sich an diese Art der für ihn neuen Belastung erst gewöhnen.

Und wenn man sich dann für kurze Strecken entscheidet, die man erst im Laufe der Zeit in kleinen Schritten verlängert, steht einer erfolgreichen Läuferkarriere nichts mehr im Weg.

Tipp: Beim Laufen sollten Sie sich immer noch gut unterhalten können. Und das klappt nicht bei Atemnot.

Tipp: Wenn Sie abseits der Zivilisation unterwegs sein sollten, nehmen Sie ein Handy mit. Ein einfaches Mobiltelefon mit Pre-paid-Karte reicht vollkommen aus. Es ist lediglich für den Notfall gedacht. Stellen Sie sich vor, Sie sind alleine unterwegs und knicken um. Kein Schritt mehr möglich und kein anderer Mensch, der helfen könnte, ist in der Nähe. Da kann so ein kleines Telefon sehr gut geeignet sein, um Hilfe rufen zu können.

Tipp: Wohnen Sie am Waldrand oder mitten in der Stadt? Google Maps kann Ihnen wertvolle Hinweise zur geplanten Strecke geben. Nicht zuletzt die Streckenlänge erfahren Sie dort. Suchen Sie sich eine ruhige und ebene Strecke aus. Zu viele Laufkollegen oder Gassi-Geher lenken nur ab und Steigungen kosten richtig viel Kraft, die man anfangs eigentlich für das Vorwärtskommen benötigt.

Tipp: Stellen Sie sich für Ihre Rückkehr eine Flasche Wasser bereit. Zimmertemperatur ist ideal. Legen Sie auch ein Handtuch dazu und idealerweise einen Bademantel, den Sie gleich überziehen, wenn Sie die nassen Laufklamotten ausgezogen haben. Unter die Dusche geht es nämlich erst, wenn Sie richtig runter gekühlt sind. Und bis dahin kann einem durch den Schweiß auf der Haut ganz schön kalt werden und ein Schnupfen ist dann vorprogrammiert.

Tipp: Training bedeutet, etwas regelmäßig zu tun. Laufen Sie zum Anfang also etwa zweimal die Woche für insgesamt eine Stunde.

Wann soll ich trainieren?

Diese Frage ist eigentlich einfach beantwortet. Nämlich dann, wenn die Temperatur der Muskulatur am höchsten ist. Und dieser Zeitraum wird durch unseren Körper, oder genauer unsere innere Uhr bestimmt. Denn diese innere Uhr „regelt" den Stoffwechsel, aber auch die Herzfrequenz und die Körpertemperatur. Sofern man also einen „normalen" Tagesablauf hat und nicht zum Beispiel im Schichtdienst arbeitet, ist die beste Trainingszeit gegen Nachmittag oder frühen Abend des Tages. Das belegen viele Studien und Untersuchungen. Aber was spricht darüber hinaus noch für, aber auch was gegen das nachmittägliche Laufen?

Wie schon gesagt, ist Ihr Körper nachmittags und am frühen Abend auf Betriebstemperatur. Sie können Bestleistungen bringen. Außerdem ist Feierabend und Sie haben keine Termine mehr, die Sie berücksichtigen müssen. Sie können sich nach dem Training entspannt zurücklehnen und den Tag ausklingen lassen. Vor allem, wenn Sie den ganzen Alltagsstress in den Lauf gelegt und damit verarbeitet haben. Manchmal ist es aber auch schwierig, den „inneren Schweinehund" zu besiegen. Gerade nach einem schweren Tag mit großem Stress im Beruf.

Tipp: Denken Sie daran, nicht zu spät zu starten. Sie benötigen noch bis zu zwei Stunden, um vor dem Zubettgehen, zur Ruhe zu kommen. Alternativ zum Nachmittagslauf nutzten viele Läufer auch den Morgen für ihr Training. Das ist nicht jedermanns Sache, vor allem weil man noch ungelenk und müde von der Nacht ist. Vielleicht fehlt es auch an der notwendigen Energie, weil das Frühstück praktisch nicht stattgefunden hat. Eventuell kann man morgens auch gar nichts essen. Da fehlt es einfach am Appetit. Aber dafür spricht das tolle Gefühl, am Morgen schon etwas ge-schafft zu haben. Dieses begleitet einen durch den Tag. Man nimmt den Schwung mit in den Job oder andere Verpflichtungen. Soweit der theoretische Teil der Antwort auf die Frage des idealen Trainingszeitraums.

Praktisch sieht das aber oft anders aus. Wann arbeiten Sie? Wann essen Sie für gewöhnlich? Zwei Fragen, an denen Sie erkennen, dass Ihr persönlicher Lebensstil, Ihre Gewohnheiten, aber auch Verpflichtungen und Termine, die Trainingszeit beeinflussen. So individuell jeder Mensch, so individuell ist auch sein Zeitmanagement und damit auch der perfekte Zeitpunkt, den Lauf zu starten.

Testen Sie es aus. Vergleichen Sie den Morgen- mit dem Abendlauf. Vielleicht versuchen Sie auch einen Mittagslauf, weil Sie eine lange Mittagspause haben. Wie fühlen Sie sich während und nach diesen Läufen? Und entscheiden Sie dann, was Ihnen am besten gefällt. Denn Sie sollten niemals vergessen, dass der Spaß und die Freude am Laufen oberste Priorität besitzen. Ohne dies, wird Ihr Bemühen, sich und Ihrem Körper etwas Gutes zu tun, nicht von Erfolg gekrönt sein.

Aufwärmen - aber richtig!

Im Grunde weiß man, dass man sich vor dem Laufen aufwärmen muss. Doch warum ist das so? Was geschieht beim Aufwärmen?

Nun, grundsätzlich wird durch eine Erhöhung der körperlichen Aktivität die Temperatur in der Muskulatur erhöht. Dies verringert den Widerstand im Muskel, weshalb er sich schneller zusammenziehen kann. Gleichzeitig wird die Förderleistung des Herzens erhöht. So wird eine bessere Sauerstoffaufnahme möglich. Zudem wird bei steigender Körpertemperatur der Stoffwechsel beschleunigt und zusätzliche Energie bereitgestellt. Weiter kommt hinzu, dass die Muskulatur durch das Aufwärmen Belastungen besser verarbeiten kann, was Verletzungen vorbeugt.

Besser werden

Nachdem Sie dann einige Zeit gelaufen sind und Ihren Körper an die Belastung gewöhnt haben, möchten Sie sich vielleicht verbessern - sprich, schneller werden und weiter laufen. Vielleicht sogar einmal an einem Wettkampf teilnehmen. Dafür wurden ebenfalls Trainingspläne entworfen, die den Läufer an sein Ziel heranführen sollen. Auf den letzten Seiten dieses Buchs stelle ich Ihnen beispielhaft zwei

Trainingspläne, die unterschiedliche Ziele verfolgen, vor.

Auch hier gilt natürlich, dass die Angaben nicht „in Stein gemeißelt" sind. Die Angaben sind immer nur Näherungswerte und sind an den Fitnessstand, das Wetter und andere individuelle Kriterien anzupassen.

Im Folgenden will ich Ihnen aber zunächst ein paar Begrifflichkeiten erläutern, die häufig in Trainingsplänen verwendet werden.

Extensiver Tempolauf = Belastungsintensität 60 - 80 %

Durch die hohe Intensität gewöhnen Sie Ihren Körper an das Tempo, das Sie im Wettkampf laufen werden. Die Atmung spürbar erhöht, eine Unterhaltung fällt schwer.

Intensiver Tempolauf = Belastungsintensität 80 - 90 %

Bei dieser wohl effektivsten Trainingsmethode heben Sie Ihre anaerobe Schwelle an. Das heißt, dass trotz des hohen Tempos Ihre Muskeln nicht übersäuern.

Lockerer Dauerlauf = Belastungsintensität 75 - 80 %

Diese Art des Lauftrainings nutzen die meisten Läufer. Die Atmung ist leicht erhöht, den Herzschlag spüren Sie kaum und eine Unterhaltung ist problemlos möglich. Allerdings hemmt diese Art des Trainings eine Weiterentwicklung, da der Trainingsanreiz zu einseitig ist.

Fahrtenspiel = Belastungsintensität < 90 %

Fahrten- oder Fahrtspiel kommt aus Skandinavien und macht keine konkreten Vorgaben. Man „spielt" mit der Geschwindigkeit. Je nach Empfinden oder Lust und Laune, läuft man mal schneller, mal langsamer. Wichtig ist einzig, dass Sie sich wohlfühlen.

Regenerativer Lauf = Belastungsintensität < 75 %

Neben der Regeneration „auf der Couch" wird auch immer wieder geraten, eine aktive Einheit zu absolvieren. Damit ist ein kurzer und nicht anstrengender Lauf gemeint. Das Fettstoffwechseltraining hat die gleiche Intensität, jedoch eine deutlich längere Dauer.

Fettstoffwechseltraining = Belastungsintensität < 75

%Fettstoffwechseltraining heißt eigentlich: langsam, aber das weit. Die Intensität ist niedrig. So ein Lauf sollte aber mindestens 90 bis 150 Minuten dauern.

Berglauf = Belastungsintensität 80 - 85 %

Haben Sie einen Berg oder Hügel - nicht zu flach aber auch nicht zu steil - in der Nähe, dann ist diese Trainingsmethode ideal, die Kraftausdauer zu steigern. Laufen Sie dazu diesen Anstieg zwei bis vier Minuten lang hoch. Dabei ist es wichtig, dass Sie raumgreifende Schritte machen. Keine kurzen Schritte! Auf den Anstieg folgt der Abstieg. Traben Sie locker wieder nach unten. Wiederholen Sie dies je nach Fitness drei- bis neunmal.

Tipp: In Ermangelung eines Berges, funktioniert dieses Training auch auf einer Treppe.

Intervalltraining

Die Intensität ist sehr hoch. Auf eine kurze schnelle Phase folgt eine längere langsame Phase, auf die dann wieder eine kurze schnelle Phase folgt usw.

Die schnellen Phasen laufen Sie mit 90 % der maximalen Geschwindigkeit.

Die langsameren Phasen können Sie auch gehen.

Beispiel für ein Intervalltraining:

10 Minuten einlaufen - 15 Sekunden (schnell) - 45 Sekunden (langsam) -insgesamt 20 Wiederholungen - 10 Minuten ausgehen.

Wichtig: Das Intervalltraining ist sehr anstrengend. Um Verletzungen zu vermeiden, ist es zwingend erforderlich, dass Sie sich gründlich aufwärmen. Mindestens 10 - 15 Minuten warmlaufen sind notwendig.

Übersicht der Trainingsbereiche für Anfänger

Bereich	Dauer in Minuten	MHF*
extensiver Tempolauf	40 bis 60	60 - 80 %
intensiver Tempolauf	30 bis 40	80 - 90 %
lockerer Dauerlauf	50 bis 70	75 - 80 %
Fahrtenspiel	30 bis 50	< 90 %
regenerativer Lauf	15 bis 30	< 75 %
Fettstoffwechseltraining	60 bis 120	< 75 %
Intervalltraining[2]	max. 40	max.
Berglauf	30 bis 60	80 - 85 %

* MHF = maximale Herzfrequenz

[2] nicht im Anfangsstadium

Sie sehen, man kann das Training zu einer Wissenschaft werden lassen. Ich habe exemplarisch lediglich zwei Trainingspläne angehängt. Weitere finden Sie überall im Internet.

Teilweise kostenpflichtig, aber auch kostenlose und ebenso gute Varianten sind zu finden.

Regeneration

Die Erholung hat maßgeblichen Anteil daran, wie schnell Sie nach dem Training/Wettkampf wieder fit sind. Versuchen Sie daher, folgende Reihenfolge in Ihr Training einzubauen:

Auslaufen - langsames Traben oder Gehen über die Dauer von 5 bis 10 Minuten nach dem Lauf. Beenden Sie ein Training nicht abrupt aus dem Training aus dem Lauf.

Zur Ruhe kommen - entspannen Sie 10 bis 20 Minuten und nehmen Sie währenddessen Flüssigkeit und Kohlehydrate (z.B. eine Banane) zu sich.

Tipp: In der ersten Stunde nach dem Training kann der Körper die Kohlehydrate besonders gut speichern.

Duschen - baden Sie besser! Das warme Wasser hilft der Muskulatur sich zu entspannen. In der Badewanne entlastet der Auftrieb des Wassers die Muskulatur zusätzlich.

Essen - Nach gut einer Stunde sollte man etwas essen. Idealerweise ein Müsli mit Milch und Obst. Wichtig ist, dass das Müsli einen hohen Eiweißanteil hat, da es durch die Belastung des Trainings auch zu einem Eiweißabbau gekommen ist, der nun ausgeglichen werden sollte. Alternativ kann man auch einen Eiweißdrink aus Pulver zu sich nehmen. Dieses Eiweißpulver sollte ein Verhältnis von 80 % Kohlehydrate und 20 % Eiweiß haben.

Und zum **Abschluss** können Sie sich ein Schläfchen leisten. Allerdings nicht zu lange. Höchstens 20 Minuten. Ganz wichtig sind aber auch Ruhetage und sogar Regenerationswochen.

Erholen Sie sich von den Trainingseinheiten an den Ruhetagen und reduzieren Sie das Training in den Regenerationswochen. Damit Sie auch morgen noch kraftvoll loslaufen können.

Schlaf

Vielleicht wollten Sie immer schon mal mehr schlafen dürfen. Als Ausdauersportler dürfen Sie das. Sie haben ein verstärktes Schlafbedürfnis und sollten diesem folgen, denn Sie benötigen mindestens sieben Stunden Schlaf! Und ich weiß, dass es nicht immer einfach ist, gut einzuschlafen und dann auch noch ausgeruht aufzustehen. Hier ein paar Tipps, wie Sie Ihre Schlafqualität und damit auch die Erholung verbessern:

Lassen Sie zwischen dem Training und dem Zubettgehen ruhig einige Stunden verstreichen.

Trinken Sie in den letzten Stunden des Tages keine koffeinhaltigen Getränke wie Cola, Kaffee oder auch schwarzen Tee. Das darin enthaltene Koffein regt die Hirnaktivität an. Alkohol bewirkt zwar das Gegenteil, er verhindert aber einen durchgehenden Schlaf.

Bringen Sie Ihrem Körper eine gewisse Schlafroutine bei. Das bedeutet, dass Sie immer zur gleichen Zeit ins Bett gehen und auch wieder aufstehen. Auch am Wochenende! Auf diese Art „justieren" Sie Ihre innere Uhr. So schlafen Sie besser ein und auch durch.

Schwere Mahlzeiten liegen nicht nur schwer im Magen. Sie verhindern auch, dass Sie gut einschlafen. Nehmen Sie leichte und eiweißreiche Lebensmittel zu sich.

Probleme, die Sie den ganzen Tag über beschäftigen, hindern Sie am Einschlafen. Versuchen Sie abzuschalten, indem Sie das Problem „offiziell" auf morgen verschieben. Sagen Sie sich, dass das auch bis zum nächsten Tag warten kann.

Tipp: Manche Schlaf- und Einschlafstörungen lassen sich durch das Einhalten obenstehender Regeln vermeiden bzw. verbessern. Schlaf- und Einschlafstörungen können aber ernste Ursachen und gravierende Folgen haben. Deshalb kann ich Ihnen hier nur dazu raten, einen Arzt aufzusuchen, sollten Sie nicht nur gelegentlich Probleme beim Schlaf oder Einschlafen haben.

Ernährung

Es ist selbstverständlich, dass das Training Ihre Laufleistung bestimmt. Aber haben Sie auch schon einmal darüber nachgedacht, dass Sie über die Ernährung Ihre Leistungsfähigkeit beeinflussen können? Hier ein paar Beispiele dafür, wie Sie Ihrem Körper etwas Gutes tun können.

Bananen sind kohlehydratreich und versorgen den Körper zusätzlich mit einer ordentlichen Dosis Kalium. Besonders bei hohen Temperaturen oder langen Läufen verliert der Körper sehr viele Mineralstoffe, die die Banane wieder auffüllt. Die gelbe Frucht ist ideal geeignet für den Lauf am Nachmittag.

Broccoli hält viel Vitamin C für Sie bereit. Vitamin C soll Muskelkater reduzieren oder gar verhindern.

Kartoffeln liefern ebenfalls Kalium. Sie haben allerdings deutlich weniger Kalorien. Sogar rund 60 Prozent weniger als Reis.

Nudeln (besser Vollkornnudeln) sind kohlehydratreich und füllen den Glykogenspeicher vor einem Lauf auf. Der Glykogenspeicher ist das Energiereservoir für Ihren Lauf.

Tipp: Vollkornnudeln halten länger satt und enthalten B-Vitamine, die einen entscheidenden Beitrag zum Aufbau der Muskeln leisten.

Joghurt, natürlich in seiner ursprünglichen Form als Naturjoghurt, beschleunigt, nach einem Lauf gegessen, die Regeneration. Er ist die ideale Verbindung von Kohlehydraten und Proteinen.

Haferflocken isst man am besten vor einem Morgen- oder Vormittagslauf. Sie sind kohlehydratreich und enthalten viele Ballaststoffe.

Kaffee ist besonders hilfreich bei intensiven Intervallläufen. Also bei sehr anstrengenden Trainingseinheiten. Das Koffein bewirkt, dass Sie schneller werden. Selbstverständlich meine ich einen schwarzen Kaffee, also ohne Milch und Zucker.

Tipp: Da Kaffee die Harnproduktion anregt, ist sein Genuss vor einem längeren Lauf nicht sinnvoll.

Und wollen Sie sich einmal für eine besonders gute Leistung belohnen, essen Sie ein Stückchen dunkle Schokolade mit mindestens 70% Kakaoanteil. Dunkle Schokolade hebt die Stimmung und ist in Kombination mit ein paar Nüssen ein schneller Energiespender für den Nachmittag. Sie sehen, es ist ganz einfach, seinem Körper etwas Gutes zu tun, was gleichzeitig auch lecker ist. Besonders im Hinblick auf bevorstehende Laufeinheiten, sind diese Lebensmittel natürliche Dopingmittel, stehen aber garantiert auf keiner Verbotsliste.

Was geschieht im Körper?

Was geschieht eigentlich während des Laufens in und mit meinem Körper? Nun, Ihr Körper ist im Grunde ein kleines Kraftwerk. Er braucht *Sauerstoff* und einen *Brennstoff*, um Energie zum Verbrauch zur Verfügung zu stellen.

Den *Sauerstoff* nimmt er über die Lunge auf und gibt diesen in das Blut. Dort wird der Sauerstoff mit Hilfe der roten Blutkörperchen in die Muskeln, besser Muskelzellen transportiert, in denen die Energie zum Laufen erzeugt wird. Laufen Sie nun schneller, muss auch mehr Sauerstoff transportiert werden. Um das aber gewährleisten zu können, muss die Zahl der roten Blutkörperchen entsprechend erhöht werden. Und da setzt das Training an.

Aerobes Training

Sie laufen gleichmäßig und recht langsam. Gut, dann befinden Sie im *aeroben* Trainingsbereich und das Blut transportiert den Sauerstoff ebenfalls gleichmäßig.

Anaerobes Training

Sie laufen sehr schnell. Sie befinden sich im *anaeroben* Trainingsbereich und Ihr Blut transportiert weniger Sauerstoff als Ihr Körper benötigt. Ihnen wird nach einer Weile keine Energie mehr zur Verfügung stehen. Diese Form des Trainings ist gleichbedeutend mit Stress.

Tipp: Machen Sie solche Trainingseinheiten nur gelegentlich. Selbst Spitzensportler nutzen das anaerobe Training nur vor Wettkämpfen.

Die **Brennstoffe**, das sind Kohlehydrate und Fette, sind der andere notwendige Bestandteil zur Energieerzeugung. *Kohlehydrate* sind sehr energiehaltig und liefern diese Energie sehr schnell. Ihr Nachteil: Sie liegen im Körper nur in sehr begrenzter Menge in Muskulatur und Leber vor. Ihr Vorrat reicht für bis zu einer Stunde.

Fette liefern wenig Energie. Sie gibt es im Gegensatz zu den Kohlehydraten aber in schier „unbegrenzter" Menge im Körper.

Was das Kraftwerk Körper nun verbrennt, ist abhängig vom a. Trainingszustand und b. der Intensität der Belastung.

a. Je langsamer man läuft, umso mehr Fett verbrennen Sie. Richtig vermutet! Und je schneller Sie laufen, desto mehr Kohlehydrate verbrennen Sie.

b. Je trainierter Sie sind, desto besser gelingt es Ihrem Körper, aus Fetten Energie zu gewinnen. Diese Fähigkeit bedarf aber einer langen Trainingshistorie. Da reichen ein paar Wochen nicht aus.

Tipp: Trainieren Sie beides. Schnell und langsam zur Fettverbrennung. Kurz und schnell zur Verbrennung von Kohlehydraten. Denn nichts ist wichtiger, als Abwechslung beim Training. Da immer das gleiche Training keine neuen Reize mehr liefert. Mit der Folge, dass Verbesserungen ausbleiben.

Tipp: Der trainierte Körper holt sich, nach den Kohlehydraten, auch die Fette zur Energiegewinnung.

Tipp: Schlanke Menschen haben genügend Fett zur Energieerzeugung.

Laufen und Gesundheit

Wussten Sie eigentlich, dass ein gesundes Lauftraining Auswirkungen auf

a. das Herz - Senkung der Herzfrequenz,

b. den Blutdruck - Senkung erhöhten Blutdrucks,

c. die Psyche - Abbau von Stress und Ängsten, Stimmungsaufhellung,

d. den Cholesterinspiegel - Erhöhung des „guten" Cholesterins (HDL) und Reduzierung des „bösen" Cholesterins (LDL),

e. das Immunsystem -Sensibilisierung,

f. das Übergewicht - Verringerung des Körperfettanteils hat?

Allerdings sind dafür schon einige Trainingskilometer zurückzulegen. So sollte die Trainingsdauer zum Abnehmen in der Woche rund 4 bis 6 Stunden, aufgeteilt auf vier bis fünf Einheiten von einer bis anderteinhalb Stunden, umfassen.

Tipp: Sollten Sie deutliches Übergewicht haben, versuchen Sie zum Einstieg eine Sportart wie (Nordic) Walking. Sie müssen zunächst das Übergewicht reduzieren. Ansonsten ist die Gefahr eines Schadens an Bändern, Sehnen und Knorpel zu groß.

Welche weitere Vorteile hat das Laufen für die Gesundheit und das Wohlbefinden? Nun, das Laufen bewirkt einen Anstieg des Anteils Serotonin im Blut. Dieses Hormon ist fürs Glücklichsein verantwortlich. Gleichzeitig werden Adrenalin und Cortisol (Stresshormone) reduziert. Wir Läufer sind entspannter, zufriedener und glücklicher.

Der wichtigste Effekt für mich ist und bleibt aber die Stärkung des Herzens. Durch die Belastung wird das Herz stärker. Es muss für die gleiche Leistung im trainierten Zustand weniger schlagen. Man fühlt sich fitter und ist leistungsfähiger. Zudem werden die Blutgefäße elastischer, was eine Senkung des Blutdrucks verursacht.

Dies alles sollte zudem bewirken, dass man besser schlafen kann. Und besserer Schlaf bedeutet mehr Wohlbefinden. Was letztlich zu einer Leistungssteigerung führt.

Und dies nur, weil Sie sich entschlossen haben, zu laufen. Sie fragen sich, warum Sie damit nicht schon viel früher begonnen haben? Schauen Sie nicht zurück, sondern vielmehr nach vorne, immer mit den Gedanken bei Ihrer nächsten Laufeinheit.

Kann ich trotz Erkältung laufen?

„Jetzt hat mich doch tatsächlich ein Schnupfen erwischt. Kann ich jetzt überhaupt laufen." Diese oder ähnliche Fragen haben sich viele Läufer schon gestellt.

Solange nur ein leichter Schnupfen vorliegt, kann leichtes Laufen dem Körper sogar nutzen. Denn das Laufen wirkt wie ein Turbo für Ihr Immunsystem.

Bitte beachten Sie dabei aber unbedingt die folgenden Hinweise:

1. Laufen Sie mit sehr geringer Belastung.

2. Im Winter die kalte Atemluft durch ein Tuch oder einen Schal vor dem Mund erwärmen.

3. Geben Sie Ihrem Körper mehr Zeit zur Regeneration als üblich.

4. Trinken Sie viel mehr als normal.

5. Ziehen Sie sich dicker an als gewohnt.

Wenn dann aber die Erkrankung schwerer ist als ein Schnupfen, beispielsweise ein grippaler Infekt, hat Ihr Köper eigentlich genug damit zu tun, Ihr Immunsystem zu betreiben. Dann sollte man nicht auch noch eine Laufeinheit dazu packen. Die Gefahr einer Verschlechterung darf man nie unterschätzen. Und sollte es dann schlimmer werden, fallen Sie länger aus, als wenn Sie nur pausiert hätten. In der Regel gilt: Fieber und/oder Medikamente verordnen Ihnen eine Laufpause. Erst wenn das Fieber abgeklungen und die Medikamente abgesetzt sind, können Sie wieder „moderat" starten.

Dafür beachten Sie am besten die nächsten Hinweise:

1. Sie fühlen sich absolut fit, die Krankheitssymptome sind verschwunden und die Medikamente sind abgesetzt.

2. Ein sehr lockeres und kurzes Training als erste Einheit.

3. Mindestens einen Tag Pause nach der ersten Einheit.

4. Faustformel: Wer zehn Tage krank war und pausiert hat, sollte auch zehn Tage reduziert trainieren.

5. Falls Sie schwerer erkrankt waren, fragen Sie Ihren Arzt um seine Einschätzung.

Hinweis: Dieser Abschnitt stellt keine medizinische Beratung dar und soll eine solche auch nicht ersetzen. Sollten sie sich unsicher fühlen, machen Sie lieber eine Laufpause und/oder fragen Sie Ihren Arzt.

Seitenstechen

Diese unangenehme und teils schmerzhafte Stechen in der Seite, tritt immer wieder mal auf. Doch woran liegt das? Ist es die Atmung? Oder die Laufgeschwindigkeit? Oder haben Sie falsch oder Falsches gegessen?

Man weiß auch in der heutigen Zeit nicht so genau, wodurch dieser Schmerz verursacht wird. Es gibt verschiedene Theorien. Die Einen vermuten eine Reizung des Bauchfells. Andere gehen von Krämpfen in der Bauchmuskulatur aus. Und wieder andere favorisieren das Zwerchfell, das schlecht durchblutet ist.

Sie sehen, es gibt keine wirklich definierte Ursache für die Schmerzen unter dem Rippenbogen. Vielleicht ist es aber auch die Summe dieser unterschiedlichen Theorien. Daher ist es ratsam, gegen alle möglichen Ursachen vorzugehen. Also die Mahlzeiten einhalten, die Geschwindigkeit anpassen und die Atmung korrigieren.

Im Einzelnen sind dies:

- Trainieren sie Ihre Körpermitte, speziell die Bauchmuskulatur.

- 2 bis 3 Stunden vor dem Lauf Mahlzeiten mit geringem Anteil an Ballaststoffen und Fetten.

- Aufwärmen bringt Ihren Körper auf „Betriebstemperatur". Auch Ihre Atmung.

- Auch mal langsam starten und die Geschwindigkeit gemächlich erhöhen, kann helfen.

- Normale Atmung – also regelmäßig und tief.

Und sollten all diese Vorsichtsmaßnahmen das Seitenstechen nicht verhindert haben, versuchen Sie folgende Tricks:

- Langsamer machen, vielleicht bleiben Sie auch einfach mal stehen und heben die Arme beim Einatmen über den Kopf. Zum

Ausatmen den Oberkörper nach vorne beugen und die Arme hängen lassen.

- Tief in den Bauch atmen und die Hand auf die Stelle, die schmerzt drücken. Beim Ausatmen den Druck nachlassen.

Das alles sind recht undefinierte Maßnahmen, wie Sie sicherlich festgestellt haben. Aber hoffentlich hilft Ihnen der ein oder andere Vorschlag. Aber trainieren Sie auf jeden Fall weiter, auch, wenn das Seitenstechen auftreten und Sie nerven sollte. Denn eines ist sicher, das Seitenstechen wird immer seltener auftreten, je trainierter Sie sind.

Hitze und Kälte

Wer läuft, der weiß, dass er eine Outdoor-Sportart betreibt. Das bedeutet neben der Bewegung an frischer Luft auch, dass man sich im Winter der Kälte und im Sommer der Hitze aussetzt.

Bis zu welchen Temperaturen darf ich laufen? Was muss ich an Besonderem beachten?

Beginnen wir mit dem *Sommer*. Bei Temperaturen ab 27°C ist es heiß. Zum einen verlieren Sie ab dieser Temperatur pro Stunde bis zu 2,5 Liter Flüssigkeit (Schweiß) mehr als bei „normalen" Temperaturen. Zum anderen steigt Ihre Körpertemperatur. Das kann dann auch gerne mal Fiebertemperatur werden.

Daher laufen Sie besser nicht während der heißesten Tageszeit (Mittag und Nachmittag). Trinken Sie bereits vor dem Lauf „auf Vorrat". Idealerweise einen halben Liter eines isotonischen Getränks. Dauert der Lauf länger als eine halbe Stunde trinken Sie auch während des Laufs. Dazu besorgen Sie sich einen Gurt mit Trinkflasche.

Die maximale Laufzeit sollte 90 Minuten nicht überschreiten. Die Laufintensität nicht über einen lockeren Dauerlauf hinaus gehen.

Tipp: Achten Sie auf die Ozonwerte. Sollten diese oberhalb von 180 Mikrogramm/m³ liegen, verlegen Sie Ihr Training auf den Morgen oder späten Abend. Die höchste Ozonkonzentration wird übrigens in der Regel in der Zeit von 11:00 Uhr bis 17:00 Uhr erreicht.

Tipp: Wenn Sie mehr als 3 bis 4 Prozent des Körpergewichts an Flüssigkeit verlieren und/oder Ihre Körpertemperatur auf über 40°C steigt, wird es gefährlich!

Das Laufen im *Winter* ist nicht ganz so kompliziert wie im Sommer. Sie können bis zu -15°C laufen. Passen Sie dafür Ihre Kleidung entsprechend an. Bedenken Sie, dass die Temperatur Sie nur selten beim Laufen einschränkt. Denn schließlich haben wir in Deutschland nicht allzu oft Frost unterhalb von -15°C. Wirklich unangenehm wird die Kälte durch den Wind. Der Wind erzeugt den so genannten „Windchilleffekt", was uns Menschen die Kälte viel extremer erscheinen lässt.

Hier ein paar Beispiele für die *„gefühlten"* Temperaturen:

Wind-geschwindigkeit	Tatsächliche Temperatur in °C			
	10	0	-5	-10
5 km/h	10	0	-5	-10
10 km/h	8	-3	-9	-14
20 km/h	3	-10	-16	-22
30 km/h	1	-13	-20	-27
40 km/h	-1	-16	-23	-31

Tipp: Bei *„gefühlter"* Temperatur unter -30°C dürfen Sie nicht mehr laufen. Sie riskieren sonst Erfrierungen von Haut und Schleimhäuten. Ich persönlich laufe nicht mehr unter -10°C. Das ist mir einfach zu kalt.

Der erste Wettkampf

Sie wollen es also wagen? Sie wollen sich mit anderen Menschen im Wettkampf messen? Worauf Sie dabei achten müssen, das möchte ich Ihnen im Folgenden erklären.

In ganz Deutschland gibt es mittlerweile über das ganze Jahr verteilt Laufveranstaltungen. Das beginnt mit Neujahrsläufen, Frühlings-Cityläufen, Osterläufen, Laufserien, Abend- und Nachtläufen, Firmenläufen etc. und endet mit den Silvesterläufen. Sehr oft werden die Standardlängen 2,5 km, 5 km und 10 km angeboten. Hinzu kommen der Halbmarathon (HM) und der Marathon (42,195 km). Abgerundet wird das Streckenangebot oft durch Bambini- und Schülerläufe. Viele Veranstaltungen haben inzwischen über 1.000 gemeldete Starter. Es gibt sogar Läufe, in denen je Laufstrecke mehrere Tausend Läufer unterwegs sind.

Besonders hervorheben möchte ich in diesem Zusammenhang den Venloop in den Niederlanden, unweit der deutschen Grenze. Dort sind jedes Jahr im März in Summe ca. 20.000 Starter gemeldet.

Solche Events finden auch in Wohnortnähe statt und erfordern damit auch keine weite Anreise. Am besten informiert man sich auf einschlägigen Internetseiten über die Veranstaltungen, innerhalb eines Radius von max. 50km. Dazu einfach Google unter dem Suchbegriff "Citylauf WOHNORT" um die Auflistung der Laufveranstaltungen bitten. In aller Regel gelangen Sie von dort zu einer Übersichtsseite, auf der die Läufe eines Jahres aufgelistet sind. Da heißt es dann für Sie, den passenden Ort zum passenden Datum mit der passenden Lauflänge zu finden.

Über einen Link gelangen Sie dann zur Veranstaltungsseite. Auf dieser finden Sie grundsätzlich die Ausschreibung des Laufes, das heißt, alle Informationen zu Datum, Zeitplan, Streckenlängen, Anreise usw., sowie die Möglichkeit sich anzumelden. Je nach Event erhalten Sie als Finisher eine Medaille und/oder ein Laufshirt. Letzteres muss eventuell kostenpflichtig bei der Anmeldung mitbestellt werden. Aber auch die Anmeldung ist in nahezu allen Fällen nicht kostenfrei. Da wird häufig ein Obulus von 3 Euro bis zu 25 Euro fällig. Der Beitrag schwankt und ist abhängig von der Zahl der Teilnehmer, den Sponsoren und der Finanzkraft des Veranstalters.

Der große Tag ist da - Es ist Wettkampftag. Was soll ich an Ausrüstung mitnehmen? Ich nehme als erstes schon einmal meine Frau mit. Sie unterstützt mich bei jedem Rennen und jedem Wetter. Sie fungiert zudem auch als Coach. Weiterhin packe ich einen Rucksack oder meine Sporttasche. Welches dieser Gepäckstücke ich nutze, ist abhängig von den Gegebenheiten. Doch dazu gleich mehr.

In die Tasche bzw. den Rucksack gehören auf jeden Fall:

- ein Handtuch (es gibt mittlerweile auch sehr gute Microfaser-Sporttücher, die schneller abtrocknen) unmittelbar nach dem Lauf,

- eine Flasche Wasser (vor dem Lauf) - nach dem Lauf gibt es Getränke vom Veranstalter,

- ein Snack z.B. eine Banane oder Haferkekse (vor dem Lauf),

- die Startnummern-Magnete - Nadel beschädigen die Fasern der Funktionsshirts,

- ein frisches Shirt und eine trockene Hose,

- eine Jacke - sollte es kühler sein, werden Sie eine Jacke nach dem Lauf zu schätzen wissen,

- eine Mütze - sollte es kühler sein, hält den Kopf warm,

- Handschuhe - sollte es kühler sein, werden die Hände sehr schnell kalt,

- falls Sie duschen wollen (bei vielen Läufen ist das möglich), die entsprechenden Utensilien,

- falls es regnen sollte, unbedingt Schuhe und Socken zum Wechseln nach dem Lauf,

- 1 €-Stück - viele Schließfächer funktionieren nur mit einem Geldstück,
- eine Plastiktüte für die nassen und verschwitzten Sportsachen

und vielleicht noch mehr. Das sollten Sie aber individuell entscheiden.

Ganz wichtig! Nehmen Sie einen Klappstuhl mit. Sie wollen doch nicht, dass Ihre Begleitung über die ganze Zeit stehen muss. Denn Sitzgelegenheiten für unsere moralischen Unterstützer am Streckenrand und im Zielbereich sind vielfach zwar vorhanden, aber dann doch bereits oft belegt.

Sie sehen, dass es in erster Linie von den klimatischen Bedingungen abhängig ist, was man alles zu einem Wettkampf mitnehmen sollte. So erklärt sich auch meine Aussage zur Entscheidung, ob Rucksack oder Sporttasche. Zu kühleren Zeiten habe ich zwangsläufig mehr trockene Kleidung zum Wechseln dabei. Also verwende ich die größere Sporttasche. So einfach ist das.

Vor Ort angekommen, führt der erste Weg zur Startnummernausgabe. Dort kommt es häufiger zu Wartezeiten. Diese bitte mit einplanen. Wenn Sie sich im Vorfeld angemeldet haben, werden Sie Ihre Startnummern im Bereich „Vormelder" erhalten. Am Stand für „Nachmelder" haben Sie Gelegenheit, sich bis kurz vor dem Start einzuschreiben.

45 Minuten vor dem Start sollten Sie sich so langsam bereit machen, damit Sie etwa eine halbe Stunde vor dem Start mit dem Warmmachen beginnen können. Gehen Sie so spät wie möglich in die Startaufstellung. Idealerweise 10 bis 5 Minuten bevor es losgeht.

Und ordnen Sie sich nach Ihrer Leistungsfähigkeit ein. Vorne starten die schnellen, in der Mitte die mittleren und am Ende die langsamen Läufer. So wird vermieden, dass die schnelleren Läufer die langsameren schon im Startgedränge überholen müssen. Dann geht es los und Sie absolvieren Ihren ersten Lauf.

Lassen Sie sich nicht von den Mitläufern zu einer schnelleren Gangart verleiten und konzentrieren sich auf Ihren Lauf. Nehmen Sie IHR Tempo auf! Sie werden sehen, dass es viele Läufer gibt, die schneller sind als Sie. Es gibt aber auch Viele, die langsamer unterwegs sind.

Genießen Sie die Atmosphäre, den Applaus und die Zustimmung der Zuschauer, das tolle Gefühl, einen „Konkurrenten" zu überholen oder namentlich erwähnt zu werden:

An Verpflegungsstationen werden Ihnen Wasser oder auch isotonische Getränke gereicht. Meist in Plastikbechern. Zum Trinken drücken Sie den Becher am Rand zu einer Art Trichter zusammen. So landet mehr Flüssigkeit in Ihnen als auf Ihnen. Aber beachten Sie, nur den Mund ausspülen und trinken nur in kleinen Schlucken. Ihr Magen arbeitet während des Laufes nur auf „Sparflamme".

Auf der Zielgeraden geben Sie noch einmal alles und überqueren die Zeitnahme in persönlicher Bestzeit. Das hört sich jetzt ironisch an. Ist es aber nicht. Denn ein Wettkampf setzt bei den meisten Läufern Kräfte frei und so schaffen viele Sportler richtig gute persönliche Laufzeiten. Nicht selten auch wirkliche Bestzeiten.

Nachdem Sie im Ziel sind, sollten Sie sich direkt mit Wasser versorgen. Mindestens einen Getränkestand gibt es bei jedem Rennen. Daneben steht meistens der Stand, an dem man das Finisher-Shirt erhält. Dann heißt es, richtig durchatmen, das Trinken nicht vergessen. Nun kommt auch Ihr Handtuch zum Einsatz. Trocknen Sie die Haare sowie Gesicht und Arme. Legen Sie sich das Handtuch über die Schultern. Das wärmt auch bei hohen Temperaturen im Sommer. Wenn Sie runter gekühlt sind, sollten Sie zumindest das nasse Shirt gegen ein trockenes tauschen.

Herzlichen Glückwunsch!

Sie haben Ihren ersten Wettkampf gemeistert und ich wette, dass Sie sich nun hervorragend fühlen! Das dürfen Sie auch! Seien Sie stolz auf Ihre Leistung! Vielleicht merken Sie sich ja auch den folgenden Satz: „Wenn es leicht wäre, könnte es ja Jeder!"

Hinweis: Auf längeren Strecken oder bei hohen Temperaturen gibt es auch entlang der Strecke Verpflegungsstationen.

Hinweis: In den allermeisten Fällen sind auf den Strecken Kilometermarkierung erstellt. So wissen Sie eigentlich immer, wie viel Sie noch vor sich haben.

Tipp: Meiden Sie die Start- und Zieltore, wenn Sie bereits Ihre Startnummer angelegt haben und Sie noch nicht gestartet sind. Vielfach erfolgt die Zeitnahme über Chips, die per Funk aktiviert (Start) und deaktiviert (Ziel) werden. Gehen Sie also **vor** dem Start durch den Startbogen, führt das in der Zeiterfassung zu Problemen. Schlimmstenfalls beginnt Ihre Zeit bereits dann schon zu laufen.

Hilfsmittel

Wie für alles Andere gibt es auch für den Laufsport technische Hilfsmittel und sonstiges Equipment. Auf dem Markt ist Vieles zu finden.

Laufuhren, Pulsmesser und diverse Apps finden sich auf dem Markt für elektronische Güter. Ich möchte an dieser Stelle keine Werbung für das ein oder andere Produkt machen, sondern vielmehr meine Erfahrungen mit diesen Dingen mitteilen.

Beginnen will ich mit den **Lauf-Apps**. Es gibt diverse zur Auswahl - „runtastic" oder „runkeeper" um nur zwei zu nennen. Beide haben Stärken, aber auch Schwächen. So erhält man einen umfassenden Blick über seine Trainingsläufe. Ob es nun die Pace oder die Gesamtstrecke ist. Auch „Durststrecken" und vieles mehr sind ersichtlich.

Nachteil bei diesen Apps ist, dass Sie Ihr Smartphone mitführen müssen. Dazu gibt es mittlerweile zwar schon Taschen für den Oberarm, ich finde das aber nicht sehr praktisch. Zumal man während des Laufens ständig seinen Arm drehen muss, um das Handydisplay und damit die Informationen aus der App sehen zu können.

Vorteilhaft sind der geringe Preis (kostenlos bis 4,99 €) und die Communities der Apps.

Eine **GPS-Laufuhr** an sich ist eine gute Erfindung. Es gibt sie in unterschiedlichen Ausführungen und Qualitäten. Daher natürlich auch zu stark unterschiedlichen Preisen von 70 Euro bis 600 Euro. Ihr Vorteil ist, dass man nur die Uhr am Handgelenk benötigt, um seinen Lauf erfassen und auswerten zu können.

Nachteil: Die GPS-Uhr benötigt eine App oder andere Software zum Auslesen der Uhr und Auswerten der Daten. Der Preis schlägt natürlich ebenfalls negativ zu Buche.

Eine **Pulsuhr** ist deutlich preiswerter als eine GPS-Uhr; sie kann aber auch deutlich weniger als ihre Verwandte mit Satellitenortung. Streng genommen misst die Pulsuhr mit Hilfe eines Brustgurtes den Puls. Zeitgleich erfasst sie die Laufzeit. Viel mehr Funktionen dürfen Sie da nicht erwarten.

Lauf-Ohrhörer gibt es selbstverständlich auch. Sie sollen durch ihr besonderes Design beim Laufen nicht aus dem Ohr fallen und resistent gegen Schweiß sein. Wenn Sie also Musik hören wollen, sind diese Ohrhörer ein Muss. Standard-Ohrhörer sind nicht sehr geeignet. Diese verlassen Ihr Ohr schon nach weniger als zehn Schritten.

Dann gibt es noch nicht-technische Hilfsmittel. Von diesen möchte ich Ihnen ganz besonders die sehr starken Startnummern-Magneten ans Herz legen. Sollten Sie nämlich in der Zukunft einmal an einem Wettkampf teilnehmen, werden Sie sich mit Sicherheit an diese Stelle in diesem Buch erinnern. Denn nichts ist unschöner, als die Startnummern mittels Sicherheitsnadel am hochwertigen Funktionsshirt zu befestigen. Bedenken Sie, dass die Sicherheitsnadeln wenig schöne Löcher und Laufmaschen in Ihr Shirt machen.

Die **Startnummerngurte** finden zwar auch noch Verwendung und werden auch immer wieder bei Wettbewerben verteilt, sind aber unpraktisch und die Startnummer „flattert" so am Körper. Aber das ist mein subjektives Empfinden.

Laufgurte werden auch immer wieder als Zubehör angeboten. Auch bei Lidl und Tchibo haben sie ihren festen Platz im Laufsortiment. Im Grunde sind diese Gurte Bauchtaschen, in denen man allerlei nützliche Dinge für sein Training verstauen kann. Sollten Sie eine App nutzen, wird Ihr Smartphone den meisten Platz für sich beanspruchen. Aber auch ein Snack für zwischendurch oder eine Trinkflasche lassen sich so mitnehmen. Ihrer Phantasie sind da keine Grenzen gesteckt.

Dies sind nur wenige Hilfsmittel, die der Markt so hergibt. Sie können ja mal in Ruhe durch das Angebot stöbern. Entscheiden Sie selbst, was Ihnen einen Vorteil bringen mag oder nicht. Und ob es eine App oder eine GPS-Laufuhr wird. Das überlasse ich Ihnen ebenfalls.

Ich habe im Laufe der Zeit meine Erfahrungen mit App und Smartphone gemacht und mich für die Anschaffung einer GPS-Laufuhr entschieden. Für mich war diese Entscheidung die einzig richtige. Praktischer als mit dieser Uhr am Handgelenk kann man seine Laufdaten nicht erfassen.

Tipp: Sollten Sie beabsichtigen, sich eine GPS-Laufuhr zuzulegen, achten Sie bitte nicht allzu sehr auf den Preis. Billige Uhren aus Fernost sind oftmals ungenau und wenig praktikabel. Zu teuer muss Ihr neues GPS-Helferlein aber auch nicht sein. Informieren Sie sich, welche Funktionalitäten Sie benötigen. Und welche nicht! Als Faustregel gilt: Je mehr Funktionalitäten und je genauer die Uhr ist, desto mehr muss man dafür bezahlen. Vielleicht reicht für den Anfänger und Amateurläufer, der zwei bis drei lockere Läufe in der Woche macht ja auch ein Vorjahresmodell.

Wehwehchen

Sei es durch zu intensives Training, Fehlbelastungen oder Unfälle, beim Laufen kann es zu Wehwehchen oder gar Verletzungen kommen. Vieles ist einfach nur lästig und stört beim Training. Anderes hingegen ist richtig schmerzhaft und kann ernsthafte Folgen nach sich ziehen. Ich will mal mit den Blessuren beginnen.

Der *Muskelkater* ist eine sogenannte Microverletzung der Muskulatur und tritt ein bis zwei Tage nach intensiver und ungewohnter Belastung auf. Kälte kann die Beschwerden ein wenig reduzieren.

Tipp: Beginnen Sie mit dem Training erst nach einer Woche. Vorher sollten nur leichte Einheiten gelaufen werden.

Der **Muskelkrampf** ist eine sehr schmerzhafte Muskelspannung, die bei Läufern vielfach in den Waden auftritt. Ursache sind meisten Läufe auf sehr hartem Belag. Er tritt spontan und ohne bewusste Aktivität auf. Verursacht wird der *Muskelkrampf* durch Überlastung und dadurch entstandenen Sauerstoffmangel. Magnesiummangel kann dieses Symptom noch verstärken.

Dehnen und massieren Sie das betroffene Bein intensiv, um die akuten Beschwerden zu beseitigen. Sollten diese Krämpfe häufiger vorkommen, überprüfen Sie ihren Trainingsaufwand und Ihre Ernährung (Mineralstoffe) sowie Ihre Regenerationszeit, die unter Umständen zu kurz ist.

Bei Beschwerden in den Knien, an den Achillessehnen oder in den Muskeln und Gelenken, sollte man vorsichtig sein und sicherheitshalber einen Arzt konsultieren. Auf jeden Fall sollte man sofort mit dem Training aussetzen und erst die Diagnose des Mediziners abwarten. Ansonsten riskieren Sie eine Verschlechterung des Krankheitsbildes, was ohne Weiteres zu einiger Zeit Trainingspause führen kann. Eventuell ist die Ausfallzeit dann deutlich länger als wenn Sie direkt pausiert hätten.

Tipp: Schmerzen sind ein Warnsignal des Körpers. Und wenn Sie sie plötzlich spüren, dann will Ihr Körper Ihnen damit etwas mitteilen. Nehmen Sie diese Signale nicht auf die leichte Schulter!

Treten Schmerzen akut während des Trainings auf, unterbrechen Sie dieses umgehend. Versuchen Sie so schnell wie möglich, das Bein hoch zu lagern. Danach kann ein Kompressionsverband einen Gegendruck gegen die Schwellung aufbauen. Aber nicht zu fest verbinden. Sie dürfen keinen Blutstau verursachen. Dann kühlen Sie die Stelle. Mögliche Kältemittel sind neben den handelsüblichen Gelkissen auch Eiswürfel oder Eiswasser. Sogar tiefgefrorene Erbsen in einer Plastiktüte eignen sich zum Kühlen. Legen Sie aber immer ein Tuch auf die Haut, um diese vor der Kälte zu schützen.

Tipp: Auch wenn der Schmerz durch die Kühlung nachlässt, ersetzt die Kältebehandlung nicht den anschließenden Gang zum Arzt.

Epilog

Das waren die Erfahrungen und Erkenntnisse eines Mannes jenseits der 50. Um genau zu sein, meine. Ich, der zu Beginn ahnungsloser Laufanfänger war und zwei Jahre später fast zweitausend Kilometer weiter ist. Wenn ich Ihnen mit diesen Zeilen den tollen Laufsport etwas näherbringen konnte, freut mich das ehrlich. Denn Laufen macht nicht nur ausdauernd, fit und gesund. Das habe ich ja bereits geschrieben und ist nun kalter Kaffee für sie. Laufen macht nämlich auch selbstsicher und stark. Nicht zu vergessen: es macht auch stolz. Stolz zu sein auf die erbrachte Leistung, auf die vielen Kilometer bei Wind und Wetter sowie bei Wettkämpfen, bei denen es nicht darum geht, zu gewinnen, sondern nur dabei zu sein und die einmalige Atmosphäre genießen zu können.

Und falls ich Ihnen dann auch noch den ein oder anderen Tipp geben konnte, der Ihnen den Start in Ihr neues Läufer-Leben etwas leichter oder unproblematischer gemacht hat, dann haben sich die Mühen gelohnt und dieses Buch hat seinen Zweck erfüllt.

Nachtrag

Ups… fast hätte ich es vergessen. Ich wollte Ihnen doch noch von meinem ersten Trainingslauf und dem ersten Wettkampf berichten.

Mein erster Lauf

überhaupt war geprägt von Selbstüberschätzung und dem Versuch, keine Schwäche zeigen zu wollen. Dementsprechend rannte ich viel zu schnell los und suchte mir eine viel zu lange Strecke aus. Das hatte zur Folge, dass ich schon nach wenigen hundert Metern an meine Grenzen kam und mein Tempo drastisch reduzieren musste, wenn ich nicht kollabieren wollte. Also machte ich langsamer - durfte mich nur nicht durch Spaziergänger oder Läuferkollegen beim Gehen erwischen lassen. Also hielt ich irgendwie diese erste Laufstrecke durch. Dabei war dieses Durchhalten ausschließlich vom Willen getrieben, nicht schlappmachen zu wollen. Am Ende war ich vollkommen ausgepowert und ich stellte mir zum ersten Mal die Frage: „Warum tust Du Dir das überhaupt an?" Eine Frage, die ich mir auf den folgenden fast zweitausend Kilometern immer wieder einmal stellen werden würde.

Mein erster Wettkampf

begann schon Tage vor dem eigentlichen Datum. Die Nervosität stieg fast von Stunde zu Stunde an. Linear zur Nervosität vergrößerte sich auch meine Unsicherheit. „Was erwartet mich da überhaupt?" – „Schaffe ich die Strecke?" – „Ich will nicht Letzter werden." – „Was geschieht, wenn ich aufgeben muss?"
Irgendwann war dann der Tag gekommen. Ein wenig müde, weil nicht ganz so toll geschlafen, saß ich nun vor meinem Frühstück, das ich auf Grundlage von ernährungswissenschaftlichen

Erkenntnissen zusammengestellt hatte. Und was soll ich sagen? Ich bekam so gut wie keinen Bissen herunter. „Hmmm …. und nun?" -„Packe ich einen Teil davon doch einfach ein und esse einen Happen vor dem Rennen. Das klappt schon." Gesagt, getan. So ging dann auch die Zeit bis zur Abfahrt ganz gut vorüber.

Die Autofahrt selbst war geprägt von dem Unbekannten, das mich erwartete. Dann waren sie zu sehen. Die ersten Absperrschilder, Hinweisschilder und andere Läufer. Sie schienen alle so sicher und versiert, dass ich mich noch mehr als Neuling fühlte. Aber da war es auch. Das Gefühl kein Zuschauer, sondern Teilnehmer zu sein. Zunächst nur so ein Anflug von Gefühl. Aber das sollte sich bald ändern. Denn spätestens mit Entgegennahme der Startunterlagen war ich definitiv ein Teilnehmer. Eine wichtige Person.

Dann war die Nervosität wieder da. Und die vielen Menschen. Massen von Läufern und noch größere Massen von Zuschauern. "Durch dieses Spalier von Menschen muss Du nachher beim Start und auch anschließend beim Zieldurchlauf?" Kein angenehmes Gefühl. Das kann ich Ihnen versichern.

Nach einem Snack und dem Warmmachen ging es ab in die Startaufstellung. Umringt von Läufern mit Profi-Equipment und Vollausstattung, inklusive GPS-Uhr vom Feinsten. Einige mit Laufshirt eines Marathons aus dem Jahr 1999. Und dazwischen. Ich. Laufhose und Laufshirt von Tchibo. Eine Lauf-App auf dem Smartphone.

Der Startschuss. Alles rannte los. Ich auch. Getrieben von den Anderen. Links und rechts Zuschauer, die applaudierten und Plakate hochhielten.

Ein Wahnsinns-Gefühl. Nicht zu beschreiben. Das muss man erlebt haben. Dann ist alles andere vergessen und man lebt nur noch für diesen Augenblick bis zum letzten Höhepunkt, den Zieleinlauf.

Diese Atmosphäre ist auch heute noch immer wieder aufs Neue berauschend. Aber Sie werden mir zustimmen. Spätestens wenn Sie Ihr erstes Rennen absolviert haben, werden Sie wissen, was ich meine.

Trainingsplan – schneller werden

Woche 1	Trainingsart	Dauer in Minuten	Streckenlänge in km
Mo			
Di			
Mi	intensiver Tempolauf	40	7
Do			
Fr	extensiver Tempolauf	50	9
Sa			
So	lockerer Dauerlauf	60	10

Woche 2	Trainingsart	Dauer in Minuten	Streckenlänge in km
Mo			
Di			
Mi	intensiver Tempolauf	40	7
Do			
Fr	extensiver Tempolauf	60	10
Sa			
So	lockerer Dauerlauf	70	12

Woche 3	Trainingsart	Dauer in Minuten	Streckenlänge in km
Mo			
Di			
Mi	Berglauf	50	7
Do			
Fr	Fahrtenspiel	50	8
Sa			
So	lockerer Dauerlauf	80	13

Woche 4	Trainingsart	Dauer in Minuten	Streckenlänge in km
Mo			
Di			
Mi	regenerativer Lauf	40	6
Do			
Fr	regenerativer Lauf	40	6
Sa			
So	lockerer Dauerlauf	70	12

Woche 5	Trainingsart	Dauer in Minuten	Streckenlänge in km
Mo			
Di			
Mi	Berglauf	50	7
Do			
Fr	extensiver Tempolauf	60	10
Sa			
So	lockerer Dauerlauf	80	13

Woche 6	Trainingsart	Dauer in Minuten	Streckenlänge in km
Mo			
Di			
Mi	intensiver Tempolauf	50	9
Do			
Fr	Fahrtenspiel	60	11
Sa			
So	lockerer Dauerlauf	90	15

Woche 7	Trainingsart	Dauer in Minuten	Streckenlänge in km
Mo			
Di			
Mi	Berglauf	60	8
Do			
Fr	extensiver Tempolauf	60	10
Sa			
So	lockerer Dauerlauf	90	15

Woche 8	Trainingsart	Dauer in Minuten	Streckenlänge in km
Mo			
Di			
Mi	regenerativer	40	6
Do			
Fr	regenerativer	40	6
Sa			
So	lockerer Dauerlauf	80	13

Trainingsplan – zehn km unter 50

Woche 1	Trainingsart	Dauer in Minuten	Streckenlänge in km
Mo			
Di	Intervalltraining	40	7
Mi	regenerativer Lauf	20	3
Do			
Fr			
Sa	Berglauf	50	9
So	lockerer Dauerlauf	80	13

Woche 2	Trainingsart	Dauer in Minuten	Streckenlänge in km
Mo			
Di	intensiver Tempolauf	40	7
Mi	lockerer Dauerlauf	60	10
Do			
Fr			
Sa	Fahrtenspiel	40	7
So	lockerer Dauerlauf	60	10

Woche 3	Trainingsart	Dauer in Minuten	Streckenlänge in km
Mo			
Di	Intervalltraining	40	7
Mi	lockerer Dauerlauf	60	10
Do			
Fr			
Sa	Berglauf	50	9
So	lockerer Dauerlauf	60	10

Woche 4	Trainingsart	Dauer in Minuten	Streckenlänge in km
Mo			
Di	Intervalltraining	40	7
Mi	lockerer Dauerlauf	60	10
Do			
Fr			
Sa	Fahrtenspiel	50	9
So	lockerer Dauerlauf	70	12

Woche 5	Trainingsart	Dauer in Minuten	Streckenlänge in km
Mo			
Di	intensiver Tempolauf	40	7
Mi	lockerer Dauerlauf	70	12
Do			
Fr			
Sa	extensiver Tempolauf	50	9
So	lockerer Dauerlauf	70	12

Woche 6	Trainingsart	Dauer in Minuten	Streckenlänge in km
Mo			
Di	Intervalltraining	50	9
Mi	lockerer Dauerlauf	70	12
Do			
Fr			
Sa	extensiver Tempolauf	50	9
So	lockerer Dauerlauf	70	12

Woche 7	Trainingsart	Dauer in Minuten	Streckenlänge in km
Mo			
Di	Intervalltraining	50	9
Mi	regenerativer Lauf	30	4
Do			
Fr			
Sa	intensiver Tempolauf	50	9
So	lockerer Dauerlauf	70	12

Woche 8	Trainingsart	Dauer in Minuten	Streckenlänge in km
Mo			
Di			
Mi	intensiver Tempolauf	40	7
Do			
Fr	regenerativer Lauf	30	4
Sa			
So	Wettkampf	unter 50	10

Das Allerletzte

Hat es Ihnen gefallen? Habe ich Sie durch diese Seiten ein wenig bei Ihren Laufanfängen unterstützen können? Dann sind Sie bitte so nett und geben diesem Werk eine ehrliche Rezension.

Vielen Dank dafür!

Vielleicht schreibe ich in der Zukunft noch eine Fortsetzung:

„Laufen - 50 plus -

einfach besser werden"

Man liest sich immer zweimal.

Zeitfracht Medien GmbH
Ferdinand-Jühlke-Straße 7
99095 Erfurt, Deutschland
produktsicherheit@kolibri360.de